ANA MARIA RAMOS SANCHEZ VARELLA
SILAINE SANTOS COSTA

5ª SÉRIE UM BICHO DE SETE CABEÇAS?

Ícone editora

Capa
Jane Torres Wickbold

Ilustrações
Aquarelas (Jane Torres Wickbold)

Revisão
Antônio Carlos Tosta/Daniel R. B. Nery

ÍCONE EDITORA LTDA.
Rua das Palmeiras, 213 — Sta. Cecília
CEP 01226-010 — São Paulo — SP
Tels. (011)826-7074/826-9510

Dados Internacionais de Catalogação na Publicação (CIP)
(Câmara Brasileira do Livro, SP, Brasil)

Varella, Ana Maria Ramos Sanchez
5ª série um bicho de sete cabeças? / Ana Maria Ramos Sanchez Varella, Silaine Santos Costa. – São Paulo: Ícone, 1998.

ISBN 85-274-0531-8

1. Psicologia do adolescente 2. Psicologia educacional 3. Promoção escolar I. Costa, Silaine Santos. II. Título.

98-2270 CDD-372.242

Índices para catálogo sistemático:

1. 5ª série: Ensino Fundamental: Educação 372.242

Dedicamos este livro

aos nossos pais,

e a vocês,

José Varella Neto
Adriano Sanchez Varella
Beatriz Sanches Varella

Américo Carraro
Inah Santos Carraro

PELA OPORTUNIDADE DA VIDA E DO AMOR.

ÍNDICE

APRESENTAÇÃO

A adolescência tem várias etapas que são estabelecidas a partir das mudanças hormonais e psicossociais. Para as meninas, essas modificações começam aos 9 e 10 anos e, para os meninos, aos 10 e 11 anos.

Essa época é denominada pré-adolescência, faixa não muito explorada em psicologia, na qual o indivíduo nem é criança e nem adolescente propriamente dito. É uma fase muito delicada, em que a criança perde o modo de ser infantil, mas ainda não tem nada para pôr no lugar.

Nessa fase se dá o aparecimento do pensamento abstrato. O jovem se liberta do real, constrói teorias e reflexões. Ele fica, portanto, bastante confuso, e as dificuldades de concentração e organização ficam muito mais evidentes.

Essa época do desenvolvimento coincide, na maioria das vezes, com o ingresso na 5ª série, quando os jovens entram em contato com novas responsabilidades e experiências desconhecidas.

O equilíbrio que os pré-adolescentes possam vir a conquistar é proposto neste trabalho, elaborado com carinho pelas autoras, que resultará em benefícios tanto para os *jovens* como para a *família* e *escola*.

Zélia Maria Ferreira Correa
Psicóloga

PREFÁCIO

Há algum tempo, a coordenadora Silaine e a professora de Português Ana Maria desenvolvem um trabalho educacional criterioso e feito com sensibilidade. O principal objetivo é tornar tranqüila e eficiente a passagem dos alunos da 4ª para a 5ª série do Ensino Fundamental.

Os alunos da 4ª série normalmente estão confortáveis em suas classes, tendo, na maioria das vezes, apenas uma professora-amiga, confidente e até mesmo "mãe".

Na 5ª série, a estrutura das aulas é modificada pela diversificação das disciplinas e intensificação dos conteúdos programáticos. A cumplicidade na relação professor/aluno já não é a mesma. Para o aluno é uma grande mudança.

A percepção deste momento na vida dos alunos – suas dúvidas, ansiedades, medos e desejos – foi o grande impulso para a realização de uma pesquisa através do olhar da coordenadora e da professora. Uma atuando no global e a outra no cotidiano da sala de aula.

As autoras estabeleceram um método de trabalho, planejaram atividades, avaliaram resultados, relatando suas experiências de forma clara e objetiva.

Caracterizam este jovem estudante e fornecem elementos de apoio à aprendizagem nessa fase de transição. Apresentam uma proposta de interesse aos educadores que estejam preocupados em solucionar problemas, não apenas por meio da comunicação adequada do conhecimento, mas também através da sensibilidade e do acolhimento.

Maria Aparecida Félix de Campos
Coordenadora pedagógica

ENFRENTANDO O INEVITÁVEL

Ingressar na 5ª série é um grande desafio. Nas escolas em geral, muito se tem feito procurando amenizar expectativas e ansiedades decorrentes deste processo.

Nossa proposta é oferecer ao jovem que vivencia uma etapa de mudanças significativas, um programa de atividades abrangentes e integradoras, geradas através de uma parceria entre a coordenadora pedagógica e a professora de português, envolvidas com a série em questão.

O objetivo é dar a orientação e o direcionamento necessários para que cada um encontre o melhor caminho para desfrutar naturalmente suas novas experiências, aproveitando integralmente este momento de busca de identidade e crescimento pessoal.

Desta forma, acreditamos que enfrentar o inevitável, ou seja, passar da 4ª para a 5ª série, poderá se tornar uma experiência tranqüila, acolhedora e prazerosa.

Ana Maria e Silaine

ERA UMA VEZ...

O aluno de 5ª série, algum tempo atrás...

DEPOIMENTOS

"Foi horrível. Puseram-me numa classe de repetentes; eu tive de me adaptar ao meio, senão morria. Meus pais quase enlouqueceram de tanta reclamação sobre meu comportamento. Não quero mais falar sobre este assunto."

"Demorei para entrar na 5ª série, pois tive dificuldade no exame de admissão.

Foi um grande momento, pois me senti adulta. Detestava trabalhos em grupo."

"Tive muito medo; não sabia o que ia acontecer durante o ano."

"Fiquei desiludido. Pensei que as disciplinas fossem mais fáceis e que os professores fossem mais compreensivos."

"Comecei a odiar a escola a partir da 5ª série. Foi difícil; sentia-me o menor da turma; as professoras eram muito exigentes."

"Foi uma série legal porque a gente só queria brincar... mas estudar... que dificuldade!..."

"Devido à timidez, sofri muito. Quando a professora me chamava, tinha vontade de sumir..."

"Eu rezava para o sinal bater. Tinha vergonha de pedir para ir ao banheiro."

As experiências citadas por nossos entrevistados foram marcadas por situações assustadoras, incertas e conflitantes, revelando a luta desnecessária contra uma circunstância inevitável e, por isso mesmo, perfeitamente natural.

As dificuldades enfrentadas e os sentimentos experimentados puderam ser nitidamente exemplificados por meio desses depoimentos.

Atraídas por este mito invisível criado para a 5ª série, mergulhamos profundamente no perfil deste público e começamos um trabalho investigativo e desafiante.

Aqui começa a nossa história.

VIVENDO A PARCERIA

Coordenadora – Professora

A sensibilidade e a experiência nos mostraram que deveríamos iniciar nossa caminhada pela intuição.

Percebemos que juntar dados e descobertas referentes aos nossos jovens, vistos por ângulos diferentes, dar-nos-ia os subsídios necessários para alcançarmos nossa meta.

O primeiro passo foi captar as mensagens contidas nas produções realizadas nas aulas de Redação com a chegada à 5ª série.

Sabíamos que a partir do fortalecimento do vínculo professor-aluno e coordenador-aluno, poderíamos manter um constante e precioso diálogo com o nosso jovem, através de situações e atividades espontâneas e/ou dirigidas.

Assim, no decorrer da série, durante alguns anos, fomos captando sentimentos e emoções, nas diferentes formas de expressão. Preocupamo-nos em ver, ouvir e "descobrir desejos".

Palavras, frases, desenhos, gestos, sons e até mesmo o silêncio foram minuciosamente observados e registrados, dando origem a um trabalho seqüencial e estratégico, que abordaremos a seguir.

LEVANTANDO DADOS

Alguns aspectos foram relevantes e significativos para a elaboração das atividades.

- Diferentes sentimentos são experimentados pelo jovem:
  - no início da série (nervosismo, insegurança, medo...);
  - no decorrer da mesma (expectativa, descontração, confiança...);
  - no final da série (empenho, iniciativa, tranqüilidade...).
- A ansiedade dos pais é transmitida para os filhos, dificultando a sintonia da 4ª para a 5ª série.
- Surgem novas características corporais e mentais, decorrentes da pré-adolescência.
- A escola aparece como um universo ampliado, proporcionando um referencial mais rico. A dinâmica das salas se modifica.
- As exigências internas e externas aumentam, tornando o jovem mais sensível.
- Grande dificuldade: lidar com "perdas" e "ganhos".

8ª
SÉRIE
5ª
SÉRIE

Alguns relatos iniciais que nos levaram à reflexão:
1ª Etapa

- "Oba! 5ª série! Estou superfeliz!"
- "Estou me sentindo importante. Venho toda arrumada!"
- "Como será a 5ª série? Sinto-me tão pequena; uma formiguinha!"
- "Serão oito professores para cada disciplina?"
- **"É um bicho de sete cabeças."**
- "Quando eu me acostumo com a professora, ela vai embora!"
- "Estou com dor de barriga e nervoso."
- "Tenho vontade de me esconder dentro da mochila."
- "No primeiro dia, fiquei muito envergonhado."
- "Eu me sinto grande e, mesmo assim, os alunos da 5ª série são os menores do colégio. Pareço uma azeitona numa pizza!"
- "Ai, meu Deus! Será que vou conseguir amigos?"
- "Por enquanto eu não quero saber de mais nada; com o tempo vou descobrindo como tudo funciona."

Alguns sentimentos manifestados no início da série:

Felicidade

Entusiasmo

Encantamento

Tensão

Ansiedade

Insegurança

Solidão

Dependência

Indecisão

Preocupação...

CONFUSÃO

MEDO

INDECISÃO

NERVOSISMO

DÚVIDAS

DIRECIONAMENTO DO PROCESSO

- Parceria com a família;
- Trabalho conjunto coordenação/professores.

EM GRUPO

- Observação e análise;
- Adaptação, organização, comunicação e conscientização de atitudes.

INDIVIDUAL

- Observação, análise e encaminhamento necessários.

CRIANDO ETAPAS

Aproveitando o rico material selecionado durante alguns anos, que nos permitiu analisar muito claramente o nosso grupo, dividimos em três etapas o desenvolvimento das atividades que estariam acontecendo paralelamente ao trabalho em sala de aula.

O critério para a divisão em etapas deu-se a partir de sentimentos e atitudes diversas que foram aparecendo no decorrer do ano letivo.

É importante lembrar que:

- A duração de cada etapa pode variar de acordo com o perfil do grupo envolvido;

- Estratégias variadas podem ser criadas para uma mesma etapa.

1ª ETAPA

Misto de sentimentos

No início da série, com o impacto da nova realidade, os jovens são envolvidos por um misto de sentimentos que se confundem, gerando um estado de ansiedade, tensão e nervosismo, juntamente com entusiasmo, felicidade e encantamento bem acentuados.

Suas dificuldades são muitas.

Nosso objetivo: Adaptar o jovem à nova realidade.

2ª ETAPA

Sentimentos despertados, mas ainda desorganizados

Inicia-se o despertar dos sentimentos; já conseguem lidar com as emoções, superando o impacto inicial e reagindo às novas situações com maior facilidade. Já estão mais adaptados à nova organização escolar, porém sentem dificuldade de relacionar-se com os parceiros. A necessidade de aceitar o outro e ser aceito é fundamental.

Valores como respeito, companheirismo, cooperação e responsabilidade devem ser desenvolvidos.

Caminham em busca de equilíbrio, que naturalmente se apresenta com o despertar de valores. Já são capazes de avaliar posturas e têm consciência das mudanças que estão ocorrendo em suas vidas.

Nosso objetivo: Promover o exercício da comunicação e da organização individual e grupal.

Alguns relatos – 2ª Etapa

- "Antes eu me achava muito sem graça; agora já consegui superar isso."
- "Hoje, não sei por quê, eu estou me sentindo leve."
- "Às vezes, eu ainda me sinto perdido, mas estou contente."
- "Estou evoluindo cada vez mais."
- "Eu me sinto feliz e agitado. Para não ficar agitado, tenho que relaxar o meu pensamento."
- "Sei que tenho defeitos, mas vou superá-los."
- "Acho que tenho sido legal com meus amigos, mas, às vezes, não consigo ser bom companheiro."
- "Gosto quando discutimos trabalhos em grupo."

3ª Etapa

Conscientização

É o momento do crescimento pessoal e social, em que mostram evolução em todos os aspectos: físico, emocional e intelectual.

Nosso objetivo: Propiciar situações para que o jovem desenvolva o autoconhecimento e avalie suas próprias atitudes.

Alguns relatos – 3ª Etapa

- "Passou mais um ano letivo, porém muito especial."
- "Senti medo, mas tive de superá-lo; só dependia de mim. A partir daí, não quis mais saber o que os outros pensavam."
- "Não sou mais criança, mas tenho muito o que aprender."
- "Eu fiquei mais esperta, mais caprichosa e mais calma com todos."
- "O medo da recuperação e a ansiedade de passar de ano estavam presentes em todos os momentos."
- "Eu quero ser mais eu, não depender muito do papai e da mamãe."
- "Eu aprendi a ter mais responsabilidade."
- "Achei que ia arrumar encrenca com os garotos mais velhos; achei que eles iam invocar, ia dar briga, mas não aconteceu."
- "Não queria decepcionar meus pais."
- "Quando mudamos de fase, amadurecemos mais, somos mais realistas e adquirimos responsabilidades. Nós aprendemos tanto a conviver na escola como no mundo."
- "Agora eu acho tudo mais simples; meu medo passou."
- "É bom conviver com amigos."
- "Não sou mais aquele que eu era quando cheguei à 5ª série."

ELABORANDO ATIVIDADES

Adaptação

- Quando houver troca de espaço físico da 4ª para a 5ª série:
  - Visitas para reconhecimento do espaço físico;
  - Elaboração da planta da escola para melhor localização dos ambientes.

- Encontros com a coordenadora para sanar dúvidas referentes à rotina de trabalho (individual ou em grupo).

- Momentos planejados junto aos professores e/ou coordenação para desenvolver a organização pessoal (atribuir a cada profissional envolvido com o grupo um item para esclarecimentos e orientação):
  - uso de agenda;
  - calendário escolar;
  - organização do horário e material;
  - critérios de avaliação.

- Conversas sobre hábitos e atitudes. Utilizar textos, livros paradidáticos, histórias em quadrinhos com temas afins.

- Dinâmicas incentivando:
  - trabalho em dupla;
  - trabalho em grupo;
  - dramatizações.

- Murais – Estimular o grupo a criar frases sugestivas e desenhos incentivando:
  - uso do uniforme;
  - pontualidade e assiduidade;
  - conservação de materiais, salas e prédios.

- Gincanas criativas.
  Competição entre as classes, aproveitando os temas trabalhados: uniforme, pontualidade, assiduidade, materiais...
  A tabulação dos resultados poderá ser colocada em mural.

- Reunião com pais objetivando criar a parceria no trabalho.

Comunicação/Organização

- Atividades nas aulas de Redação que exercitem o ouvir, pensar, falar e escrever com atenção e coerência.

- Jogos de Comunicação. Criar jogos valorizando gestos, mímicas, olhares (sugestão: utilizar espelhos).

- Jogos de Organização. Criar jogos com regras preestabelecidas.

- Conversas ilustradas sobre:
  - amizade;
  - companheirismo;
  - cooperação;
  - respeito;
  - responsabilidade.

Utilizar textos, filmes, poesias, histórias em quadrinhos e/ou livros paradidáticos.

- Murais
  Incentivar o grupo a criar textos e desenhos baseados nos temas trabalhados.

- Diálogos
  Propiciar situações para que as duplas interajam.

- Reflexão sobre direitos e deveres.
  A partir de discussões sobre "Os direitos das crianças", diferenciar direitos e deveres, destacando os deveres dos alunos.
  Os alunos poderão elaborar "slogans", códigos verbais/não-verbais e símbolos em painéis.

Conscientização

- Discussões e reflexões sobre atuação individual e posturas a serem trabalhadas no grupo. Utilizar material de apoio: figuras, frases e histórias.

- Murais com listagem das atitudes positivas do grupo (deixar espaço para acrescentar as novas conquistas).

- Dramatizações a partir de fatos reais.

- Trabalhos com textos, poesias e músicas.

- Projeto sexualidade.
  Criar momentos para discussão sobre as mudanças físicas e emocionais decorrentes da pré-adolescência.
  Elaborar diferentes atividades num trabalho interdisciplinar.

Encerrando como tudo começou...

"Ai meu Deus! Será que vou conseguir amigos?"

1ª Etapa

"É bom conviver com amigos."

3ª Etapa

As frases confirmam a mudança vivenciada:

- **No início da série**: angústia, dúvida, solidão...

- **No final da série**: descontração, segurança, companheirismo...

"É um bicho de sete cabeças!"

Frase escrita por um aluno no início da 5ª série

Esta frase tem um significado especial para nós.
Retrata a essência do nosso trabalho.

Com coragem e determinação ele conquistou a vitória.

CONCLUSÃO

As idéias aqui apresentadas são o resultado de um trabalho que vem sendo desenvolvido há alguns anos, motivado a partir de um olhar sensível sobre o comportamento dos jovens que ingressam na 5ª série.

Trata-se de um estudo que evidencia uma idéia já amplamente discutida, embora nem sempre implementada, de que o papel do professor vai muito além da simples apresentação de conteúdos programáticos. Implica, também, fazer da sala de aula um espaço no qual os alunos sejam levados a refletir sobre seus próprios pensamentos e sentimentos, propiciando-lhes condições para vencerem obstáculos e, dessa forma, crescerem enquanto indivíduos.

Nesse sentido, nosso principal objetivo é justamente ajudá-los a vencerem os obstáculos próprios de um momento pelo qual necessariamente terão de passar: a chegada à 5ª série. Para que isso efetivamente aconteça, é necessário que o professor esteja atento ao comportamento dos jovens, observando gestos e palavras que possam indicar a existência de algum conflito. Afinal de contas, essa nova etapa significa, para eles, entrar em contato com um universo até então desconhecido, sobre o qual alimentavam uma série de idéias, algumas, às vezes, equivocadas.

Por meio de ações pedagógicas planejadas, constatamos que é possível fazer o jovem vivenciar essa nova experiência sem grandes conflitos, passando a vê-la como uma boa oportunidade para conhecer melhor a si mesmo e aos outros. Vale ressaltar, porém, que as etapas apresentadas não constituem uma receita pronta, uma vez que o processo de aprendizado é um caminho de mão dupla, ou seja, do professor para o aluno e do aluno para o professor. Com isso, devemos estar abertos às muitas possibilidades de aperfeiçoamento próprias de um projeto dessa natureza.

Um dos destaques da experiência que acumulamos até agora é a reafirmação de que o contato professor-aluno não deve ser superficial. O estreitamento de amizade, a compreensão e o diálogo configuram o êxito de todos os objetivos aqui relacionados, através dos quais procuramos levar nosso jovem a percorrer com harmonia e segurança o caminho aberto pela entrada na 5ª série.

Nossos agradecimentos

Ao Colégio Magno

À Myriam Viegas Tricate, pela liberdade concedida para que pudéssemos implementar um projeto com resultados tão gratificantes.

A todos os alunos de 5ª série que conviveram conosco nestes últimos anos, que direta ou indiretamente contribuíram com um pouco de si mesmos para a concretização desta experiência pedagógica.

Aos amigos

Cristina de Castro Torres Varella
Gerson da Silva
Irineu Gomes Varella
Jane Torres Wickbold
Maria Aparecida Félix de Campos
Zélia Maria Ferreira Correa, pelo apoio e colaboração que nos oncentivaram a realizar ***este sonho.***

Mas a nossa história não termina aqui...

Sempre vale lembrar que cada grupo é um universo à parte, que guarda em si inúmeras possibilidades de ações, reações e emoções...

Caberá a você descobrir por si próprio toda a riqueza desse fascinante universo, cujo centro estará sempre em cada jovem que lhe for confiado.

Telefones para contato com as autoras

☎ 274-0984 – Ana Maria

☎ 976-9008 – Silaine